CROISADE

DU

PROVENÇAL

CONTRE

LE FRANÇAIS

PAR

EUGÈNE GARCIN

EXTRAIT DE *LA REVUE MODERNE*

PARIS

IMPRIMERIE L. POUPART-DAVYL

30, RUE DU BAC, 30

1869

CROISADE DU PROVENÇAL

CONTRE LE FRANÇAIS

Ah ! se me sabien entendre !
Ah ! se me voulien segui !
(F. MISTRAL, *la Coumtesso*.)

Singulière époque de transition que la nôtre ! Jamais on n'avait tant invoqué la liberté, et, dans l'espace d'un demi-siècle, le césarisme aura deux fois pesé sur la France ; jamais on n'a mieux entrevu ni mieux formulé la grande loi du progrès, qui nous pousse en avant, et de toutes parts on retourne en arrière : avec les vieux souvenirs, on veut ressusciter les institutions d'un temps qui n'est plus ; jamais enfin la noble figure de l'humanité, c'est-à-dire jamais l'idée de l'unité morale du genre humain n'avait tant séduit les peuples, et notre siècle nous offre non-seulement le réveil des nationalités, mais les plus étranges revendications de races. Ainsi, liberté et despotisme, progrès et réaction, unification et morcellements, tel est le caractère de nos jours de trouble et de combat : partout l'antinomie ! Ce n'est point que de la thèse et de l'antithèse, pour employer le langage philosophique, on ne puisse dégager une synthèse. Dans ce chaos apparent fermente et s'élabore une création ; de la lutte des forces naîtra l'harmonie. L'ordre donnera satisfaction à la liberté, en réduisant le pouvoir à n'être plus que le modérateur de la vivante machine sociale ; les profondes investigations dans le passé serviront l'avenir, en enseignant la justice pour toutes les époques de l'histoire ; enfin le rêve de l'unité humaine et celui de l'indépendance des communes seront conciliés dans la future confédération des peuples. Nous ne voulons point nous engager ici, quel qu'en soit l'attrait, dans ces considérations générales. Nous nous bornerons à l'examen d'un fait particulier qui, se rattachant naturellement à ces questions plus hautes, prend dès lors un intérêt véritable et mérite l'attention. Il s'agit du mouvement des félibres provençaux.

I

Nul lettré, à cette heure, n'ignore ce que sont les félibres. Les uns les persiflent, d'autres les exaltent. Nous voulons tout simplement dire sur leur compte la vérité, que si peu de gens connaissent.

Faut-il ne voir en eux que des fantaisistes de talent, qui, prenant au provençal des mots et des rimes sonores, ont donné à leur poésie, à défaut de l'originalité du fond, l'originalité de la forme ? Ce point de vue est loin d'être faux, mais ne laisse voir qu'un côté de la question, et ce n'est point par là qu'ils eussent mérité les encouragements. Si tant d'esprits généreux ont applaudi à cette école, c'est qu'elle semble répondre à un besoin de décentralisation, d'autant plus légitime, que l'absolutisme actuel est plus lourd ; c'est qu'elle mettait en lumière le tableau d'une population agreste et poétique ; c'est qu'elle provoquait à l'étude du langage, des mœurs et de l'histoire d'une belle et originale contrée de notre France.

Voilà ce qui parut digne d'intérêt. La soif de liberté fait accepter tout ce qui en porte le nom et en offre l'apparence ; puis nos instincts démocratiques se plaisent aux peintures populaires, rustiques : de nos jours, avec *la Petite Fadette*, *la Mare au Diable*, *François le Champi*, l'idylle s'est élevée jusqu'au roman ; avec *les Bretons* et *Mireille*, elle a pris des airs d'épopée. D'autre part, enfin, lorsque les provinces ont perdu leurs noms anciens et qu'on entrevoit le moment où les peuples mêmes vont se fondre dans une grande fédération, rien de plus juste que les membres de la grande famille comptent les trésors qu'ils apportent au domaine commun. La Provence, la Bretagne, la Bourgogne ont des titres de gloire : hé bien ! que la Bourgogne, la Bretagne, la Provence les fassent valoir ! on ne saurait qu'applaudir. Oui ; mais que tout ne s'arrête point à cet amour de clocher natal ; car, si les histoires des nations ne sont que des chapitres dans l'histoire générale de l'humanité, les histoires des provinces ne peuvent être que des paragraphes dans ces chapitres. Leur attribuer une plus grande importance serait un vice de logique et de méthode qui ne contribuerait pas seulement à borner l'horizon de l'intelligence, mais qui bientôt rétrécirait le cœur, attendu qu'aux larges ou étroites idées répondent les larges ou étroits sentiments.

Nul grand progrès ne s'est accompli dans le monde que par cette générosité d'âme qui nous fait envisager tous les hommes, de quelque race qu'ils soient, comme des frères. Ce rêve de l'unité fait la grandeur de la doctrine chrétienne, nous considérant tous comme issus d'un père commun. Seulement durant tout le moyen âge ce ne fut là qu'une aspiration vague, sans cesse démentie par le fait inique, brutal, qui séparait les hommes en serfs et en seigneurs. La Révolution fit de ce rêve un principe, de ce principe une loi; elle proclama les droits de l'homme, c'est-à-dire l'égalité et la liberté de tous les citoyens du monde. C'était proscrire tous préjugés, toutes jalousies, toutes haines de races; c'était donc flétrir les guerres; c'était élever l'intelligence libre au-dessus des fatalités de nature. Tel est le grand courant qui entraîne l'humanité; tout ce qui s'oppose à ce courant fait obstacle au progrès et mérite réprobation. Le sentiment de la race, bien inférieur toujours au sentiment de la justice et du droit, est une force qu'on peut réveiller en face d'un ennemi qui vous attaque, mais que, durant la paix de la civilisation, il faut laisser dormir, et qui, en aucun cas, ne peut être invoquée entre populations fraternelles, comme, par exemple, celles des diverses provinces de la France.

II

C'est en vertu de ces principes que nous réprouvons les prétentions assez inattendues élevées, surtout depuis 1867, par le chef des félibres, au nom de ce qu'il appelle la race des Provençaux.

Célébrer les beautés de la Provence, les usages pittoresques de ce pays, son parler harmonieux et sonore, faire considérer le provençal comme supérieur à tous les dialectes déchus : telle fut dans le principe la tâche de l'auteur de *Mireio*. Mais M. Mistral ne s'en est point tenu là : Il veut que les Provençaux forment un peuple à part, dans notre nation; il veut que leur patois domine, efface chez eux la langue nationale.

Est-ce la peine de réfuter et de combattre ce qui ne se peut soutenir? Si tout le monde devait nous poser cette question, certes, nous n'aurions qu'à quitter la plume ; mais, il ne faut point se le dissimuler, nous vivons à une époque où les idées les plus baroques ont chance de réussite. Les théories de M. Mistral touchant l'ethnologie, l'histoire, la linguistique et la littérature de notre pays, rencontrent, si étranges qu'elles soient, de nombreux partisans. Nous ne parlons point de cette foule vaniteuse et vulgaire qui s'empresse toujours de faire cortége au succès et à la renommée. Le chantre de *Mireio* et de *Calendau* a mieux que sa célébrité, mieux que son beau talent, pour se créer des disciples : il a des doctrines, doctrines pleines d'espérances pour le parti légitimiste, puisqu'elles revendiquent le vieil état provincial ; pleines de séduction pour le parti républicain, puisqu'elles semblent tendre à l'état fédératif. Et voilà comment, en Provence, en Catalogne, même dans des cercles de Paris, son système s'enracine, ses pensées deviennent légion ; voilà pourquoi nous venons le combattre.

Maints lecteurs seraient étonnés peut-être si nous leur disions que, dans cette lutte, nous nous trouvons en face de bien des esprits ardents, ombrageux, farouches, qui s'arment contre un simple contradicteur en véritables ennemis. On a vu l'organe de MM. Mistral et Roumanille, l'*Armana prouvençau per lou bel an de Dieu* 1869, répondre à des critiques justes, loyales, cordiales même, de la plus étrange manière : jeter des insultes et de grossières insultes, à défaut de raisons. Tant pis pour l'*Armana !* Les plus gros mots ne valent point la plus petite preuve. Aussi nous maintiendrons le débat sur le terrain des faits et des principes, et nous persistons à soutenir que si les tendances de la jeune école provençale pouvaient prévaloir, elles mettraient en péril l'unité même de la France.

Qu'entendons-nous par l'unité? Dans son discours à l'un des banquets des félibres, en septembre 1868, un éminent professeur de la Sorbonne, M. Saint-René Taillandier, en a donné la définition suivante :

Ceux qui s'alarment si fort au sujet de l'unité, savent-ils bien de quoi ils parlent?

Il y a, messieurs, un grand principe de la philosophie de l'art ; ce qui fait les œuvres belles et durables, c'est la variété dans l'unité.

J'en dis autant de ces grandes œuvres auxquelles concourent la nature et l'art, de ces œuvres collectives qui s'appellent les nations.

Elles sont belles, riches, puissantes, selon la mesure où elles nous présentent ce spectacle fait à souhait pour le plaisir des yeux, la variété libre dans l'unité souveraine. L'unité qui, pour subsister et se défendre, aurait besoin d'étouffer les variétés du génie français serait un mensonge et un fléau...

Excellentes paroles! Quels esprits ont pu se permettre de dire que voilà une leçon sans but et sans portée? Or, ils ont fait à M. Saint-René Taillandier cette injure, ceux qui lui ont attribué la pédante et puérile intention d'avoir prononcé pour nous ces paroles inutiles pour nous; car, dans l'ouvrage même qu'on désigne, et où le professeur est honoré, nous avions écrit déjà :

Variété dans l'unité! Nous ne rêvons pas plus l'uniformité humaine que l'aplanissement du globe. Il faut que chaque pays et chaque homme gardent leur spontanéité, leurs caractères originaux, à la seule condition que ces caractères ne puissent les rendre hostiles à d'autres pays ou à d'autres hommes. Gardons ce qui nous distingue, en rejetant ce qui nous sépare... Liberté d'action de chacun dans l'unité de l'action générale : telle est la formule des sociétés de l'avenir (1).

Notre but n'est donc point de défendre une centralisation dont nous sommes l'adversaire; lorsque nous combattons pour l'unité, il ne s'agit point de celle qui se décrète et s'impose, mais de celle qui émane librement de notre vieux caractère national et de notre raison moderne.

Une telle unité autorise toutes les variétés imaginables dans les usages, les patois, les costumes, dans tout ce qui est du domaine local et privé; mais elle implique trois choses : 1° même nom national, 2° même langue, 3° même code; en un mot, la communauté dans tous les grands actes de la vie publique.

Les doctrines *félibrenques* ne tendent-elles à rompre aucun de ces liens qui seuls constituent la patrie? « Porter atteinte à l'unité de la France! s'écria dans son discours M. Saint-René Taillandier, ah! messieurs, je ne pensais pas que les uns ou les autres, poëtes et critiques, nous eussions donné, jusqu'à présent, des signes d'aliénation mentale!... » Le savant professeur, on l'a vu, donne de l'unité une définition identique à la nôtre, aussi, combien nous voudrions pouvoir partager la conviction qu'il a exprimée, dans un récent article, sur la Renaissance provençale :

La déclamation seule et la routine verront dans cette tentative si digne d'intérêt un péril pour l'unité du pays. Cette unité est indestructible, et ici comme ailleurs hors de cause. L'auteur de *Mireille* et de

(1) *Les Français du Nord et du Midi*, pages 41 et 89. Voir aussi p. 447.

Calendal, en chantant les mœurs de sa province, ne manque jamais une occasion de célébrer les souvenirs communs à tous les enfants de la France. Il fallait l'entendre aux fêtes de Saint-Rémy faire retentir aux oreilles des Catalans les noms dont la Provence est fière et qui rappellent des serviteurs illustres de la grande culture nationale, de notre unité politique et de notre unité littéraire. On ne parle pas ainsi des Massillon, des Vauvenargues, des Mirabeau, des Thiers, des Guizot, des Mignet, quand on couve secrètement ce que nos voisins d'Allemagne appellent des pensées de *particularisme*.

Précisément le discours prononcé par M. Mistral au banquet de Saint-Rémy, comme l'ensemble de toutes ses œuvres, nous a paru une manifestation très-formelle contre l'unité littéraire, morale, même politique de la France. Le lecteur en jugera plus tard ; mais nous voulons constater d'abord certains faits qu'on objecte sans cesse, les mêmes sans doute qui font illusion au professeur de la Sorbonne.

Au banquet de Saint-Rémy, dès le début de son discours, le félibre a loué la littérature française. C'est incontestable. « Mistral, dit l'*Armana* de 1869, se lève et parle comme ceci :

Messieurs et Seigneurs,

Grâce à l'initiative, à la courtoisie, à la gente avenance de la ville de Saint-Rémy, la Provence a le bonheur de pouvoir témoigner publiquement sa gratitude, de même que sa sympathie, à qui elle doit : sa vive gratitude, sa chaude sympathie à la littérature glorieuse de Paris, qui, depuis vingt ans, a, de toutes façons, soutenu, encouragé et applaudi la renaissance provençale.

Messieurs, que les lettres françaises soient ici représentées par une députation d'écrivains supérieurs, il n'y a rien qui vous étonne. La Provence, — la Provence de Massillon, de Vauvenargues, de Mirabeau, de Thiers, de Guizot et de Mignet, la Provence est de la France, et les illustrations de la langue française répandent leurs rayons ici comme partout. Honneur donc et bienvenue et grand merci aux poëtes, écrivains et lettrés éminents qui ont bien voulu prendre leur part de cette fête provençale...

Oui, M. Mistral a célébré « la glorieuse littérature de Paris. » Nous le reconnaissons. Nous dirons plus : il est de très-bonne foi, quand il accuse la critique de lui prêter des idées absurdes. Comment donc aurait-il des théories contraires à l'unité morale de la France, lui qui, dans l'*Armana* de 1869, glorifiant par une très-belle ode le tambour d'Arcole, un Provençal, glorifie aussi tous les enfants de la France ; lui qui a dit au banquet de Saint-Rémy : « La Provence est de la France ; » lui qui, dans son hymne aux Catalans, fait cette déclaration : « Les Provençaux, flamme unanime, sommes de la grande France ; » lui qui, dans le même hymne, a chanté cette strophe :

> Il est bon d'être nombre et beau de s'appeler
> Les enfants de la France ! et, quand on a parlé,
> De voir courir sur tous les peuples
> De soleil en soleil l'esprit rénovateur,
> Et reluire la main de Dieu
> De Solférino à Sébastopol !

Et, comme si l'aveu tant renouvelé qu'il appartient à la France ne suffisait point au félibre, sa muse a salué avec d'ineffables transports le gouvernement actuel de la France : « Notre belle Impératrice... son beau Prince Impérial... et l'Empereur, qui, entre les tonnerres et les éclairs, chemine si fier et si calme... »

Pour Napoléon III, qui n'est cependant point un Cincinnatus, et qu'on ne saurait même confondre avec l'empereur de la Chine, puisqu'il n'a jamais labouré, M. Mistral a formulé ce vœu : « Puisse-t-il longtemps mener la charrue ! » Au fait, pourquoi ce souverain ne serait-il pas assimilé au laboureur, puisqu'il *sème?* Oui, le félibre l'a dit encore : « Pendant que sur leurs trônes les autres potentats regardent, accroupis, monter la France, lui (l'Empereur), se promène à travers la nation, et *sème* à pleines mains la sécurité et le travail. »

Mais laissons de côté tous ces dithyrambes ; tenons-nous en à cette simple déclaration : Provence et Provençaux sont de la France. Cette affirmation, d'une rare naïveté, nous permet ce dilemme, dans lequel nous ne voulons nullement mettre en cause la sincérité du poëte, mais seulement sa logique : ou l'ensemble des théories de M. Mistral est vrai, et alors cette affirmation est contradictoire et n'a aucun sens ; ou cette affirmation exprime une vérité, et alors tout le système du chef des félibres n'est qu'un échafaudage d'erreurs, tous ses rêves sont chimériques. Nous ne voulons pas démontrer autre chose.

III

Quel est donc le rêve du félibre ? C'est de constituer la Provence en nation. Nous n'inventons rien. Le mot de nation, appliqué à la Provence, se trouve et se retrouve sans cesse dans les écrits de M. Mistral et des félibres qui suivent sa voie (1).

---

(1) Nous devons déclarer ici que, parmi les poëtes écrivant en langue provençale, ce n'est que dans le groupe des félibres que se sont manifestées ces prétentions de natio-

On l'appelle, lui, « notre poëte national ! » Son poëme de *Ca-lendau* (l'*Armana* de 1867 nous le révèle) devait « asseoir la Provence dans sa conscience de nation. » Or, ce mot, tel qu'on l'emploie ici, n'a jamais eu qu'un sens ; il n'a jamais désigné qu'un état ayant son autonomie, c'est-à-dire son nom distinct, sa langue distincte, son code ou bien ses us et coutumes distincts.

Des Alpes à l'Océan et de la Manche aux Pyrénées, à travers les variétés régionales, tout homme répond au nom de Français, s'instruit dans une même langue, et obéit aux mêmes lois. Il y a donc là une nation. Enlevez un de ces attributs essentiels : adieu, la nationalité commune !

Si les félibres sont d'accord avec nous sur ce point, ils vont comprendre que leurs théories ne tendent à rien moins, sans qu'ils s'en aperçoivent, qu'à répudier entre Français la communauté patriotique. Au risque de passer pour un déclamateur et un homme de routine, nous dirons, non pas que l'école de M. Mistral « couve secrètement des pensées de *particularisme :* » nous ne cherchons point les pensées secrètes ; mais nous disons que, dans cette école, les pensées de *particularisme* s'affichent hautement.

La doctrine est celle-ci : au point de vue de la race, de la langue, de la littérature, des mœurs, des us et coutumes, il y a, entre les populations d'en deçà et d'au delà de la Loire, divergence, antipathie et même incompatibilité. De plus, les hommes du Nord n'ont cessé de peser sur les hommes du Sud.

Tous ceux qui se rattachent au mouvement des félibres adoptent plus ou moins ces idées-là. Le 28 mai 1868, à Helsingfors, en Finlande, le professeur Estlander a soutenu et publié en suédois une thèse dont un jeune et savant érudit, M. Gaston Paris, nous a fait connaître le but. Ce but est « de montrer l'individualité de la littérature et de la langue du Midi en face de la littérature et de la langue du Nord... L'auteur, dit M. Gaston Paris, rassemble tous les faits qui peuvent mettre en lumière la distinction des deux grandes régions de la France au moyen âge ; il fait voir, par exemple, que Provençaux et Français se regardaient réciproquement comme parlant des langues étrangères... » Oui, dirons-nous, et cela ne prouve rien, puis-

nalité, et ces prétentions, rien n'autorise à les attribuer à quelques-uns des félibres eux-mêmes, tels que le doux, savant et modeste M. Crousillat de Salon, et que M. Théodore Aubanel, le plus profond, le plus original des félibres ; s'il en est un parmi eux dont le talent s'élève peut-être au génie, c'est M. Aubanel, et il est loin d'être le plus connu.

qu'il en était absolument de même entre Provençaux et Gascons !
— « Cet excellent petit livre, dit le critique en terminant, devrait
pousser ceux qui sympathisent avec elle (avec la renaissance
méridionale) à entrer dans la même voie ; la seule chance de
succès pour l'idée des félibres est la constatation et la conscience
de la solidarité entre le passé et le présent de la Provence. Jusqu'à
présent les patriotes provençaux ont trop négligé la science... »

Avant de passer outre, nous devons une réponse à M. Gaston
Paris. Est-il possible qu'un homme de son savoir ait assez peu
de philosophie pour ne chercher que dans un passé lointain la
conscience du présent et par suite la direction de l'avenir? Et
quand même il serait prouvé, mille fois prouvé, que Provençaux
et *Franchimands* furent jadis étrangers, même hostiles, fau-
drait-il en conclure qu'ils doivent aujourd'hui briser les traits-
d'union qui les joignent? L'œuvre accomplie par les derniers
siècles de la civilisation moderne ne compte donc pour rien?
Que les Provençaux retournent alors, sans plus, dans les ca-
vernes où habitaient leurs ancêtres, Cavares, Ligures, vêtus de
peaux, moitié sauvages. S'il s'agit de marcher en arrière, pourquoi s'arrêter en chemin?

Le félibrige est dans l'allégresse de voir ses théories propagées
jusqu'en Finlande. L'*Armana* pour 1869 s'écrie : « Dans l'étranger pays l'honneur des Provençaux va resplendissant de plus en
plus. »

Les étrangers ont cru jusqu'à cette heure que la France avait
sa grande littérature du seizième, du dix-septième, du dix-hui-
tième et du dix-neuvième siècle, et qu'elle lui suffisait. Erreur!
Dès qu'ils prennent pied dans le royaume des félibres, « le
royaume du soleil et de la poésie, » comme dit l'auteur de
Calendal, ils sont bien surpris; ils sont bien contraints de changer d'opinion. Dans la préface d'un livre publié en 1868,
M. Mistral nous en offre un exemple. Il nous montre un jeune et
noble Irlandais, dont nous aurons à dire un jour beaucoup de
bien, et qui, « en Angleterre, en Allemagne, en France, ou en
Espagne, ou même en Italie, n'avait trouvé lieu qui l'eût séduit
assez pour y planter son bourdon. » Mais un jour « il descendit
le Rhône ; » il s'arrêta à Avignon, Avignon cette ville qu'on vit,
dit M. Mistral, « défendant jusqu'à la mort la liberté des Provençaux contre *la barbarie des hommes d'Outre-Loire*... En pas-
sant dans la rue Saint-Agricol, il remarqua, à la vitrine d'un
libraire, du libraire et poëte Roumanille, des livres écrits dans
une langue qui lui était inconnue. Fort curieusement il entra et
les acheta : c'étaient des livres provençaux. »

Et M. Mistral de s'écrier soudain : « Ce n'est pas à nous de dépeindre... l'étonnement, et l'étourdissement, et le transport qui le saisirent... de rencontrer en France un idiome littéraire autre que celui de Paris, et d'avoir découvert une littérature s'inspirant non des Grecs, ni des Romains, ni des Français !... »

Encore une fois, il nous semble voir là des pensées très-caractérisées de *particularisme*.

IV

Aux yeux du félibre, la Loire sépare des hommes que tout désunit : mœurs, langage, événements historiques. La Loire est pour son patriotisme un fleuve infranchissable. En revanche, et ceci est louable, il fait, comme Louis XIV, disparaître les Pyrénées ; car, a-t-il écrit dans *Calendau*, « l'intelligence de la nationalité se manifesta spontanément dans tous les pays de la langue d'Oc, c'est-à-dire depuis les Alpes jusqu'au golfe de Gascogne et de la Loire jusqu'à l'Ebre. »

Pour peu qu'on soit logique, on va conclure de ces diverses assertions, d'une part, que les Provençaux n'entendent pas un mot de français ; d'autre part, qu'ils excellent à parler le catalan. Hé bien ! étudions mieux les faits. Le brave Roumieux, un des félibres qui, ce dernier printemps, se sont rendus en Catalogne, a consacré vingt-deux pages de son récent volume, *la Rampelado*, à narrer ce voyage triomphal *tra los montes*, où lui et « le grand Frédéric, » furent portés « dans les vagons dorés de la Couronne, » et où leur présence à Barcelone 'fut « un événement. » car, dit le félibre :

> Les marchands de journaux clamaient tous : *Deux réaux.*
> *Avénement des grands poëtes provençaux !*
> Les gens : « *Vive Provence*, et *Vive Catalogne !* »
>
> Ah ! parlez-moi d'un tel peuple ! Il est tout de flamme.
> Comme on voit qu'il a soif de nationalité !
> Comme on voit qu'il a faim surtout de liberté !

Oui, nobles Catalans, noble Victor Balaguer ! Ils l'ont bien montré, depuis ; mais par des luttes viriles, et non par ces enfantillages de troubadours à félibres, qui, chose singulière ! — et c'est là que nous voulions en venir, — ne se comprennent point dans leurs idiomes respectifs. M. Roumieux nous raconte comment ils firent route, de Beaucaire aux Pyrénées, « avec un gros Franchimand qui prit » les félibres « pour des Chinois débarqués de Canton. » Quel personnage ridicule, n'est-ce pas? Et pourtant M. Roumieux se mit avec lui « en train de causerie. » La causerie fut en français, sans doute, non en chinois. Eh! en quelle langue, s'il vous plaît, Provençaux et Catalans se comprirent-ils? Voici ce que M. Roumieux nous révèle, à propos de la fête des Jeux Floraux, donnée en leur honneur.

> Nous, on nous avait mis sur une riche estrade
> Avec les mainteneurs et le *gobernador ;*
> Nous avions sous les yeux les fleurs d'argent et d'or
> Qui bientôt aux vainqueurs vont être délivrées.
>
> Chut! le *gobernador* nous va faire un discours.
> Il parle. Eh! que dit-il ? On voit qu'il gesticule,
> Qu'il fait le télégraphe, et qu'il sue et qu'il tousse ;
> Mais pour entendre un mot, berniq! nous étions sourds!

Quoi! sourds au catalan? Cela fait supposer que troubadours et félibres, dédaigneux d'abord comme le héron de la fable, se trouvèrent tout heureux et tout aises de trouver, pour s'entendre, soit la chétive langue de Cervantes et de Calderon, soit celle du gros Franchimand, langue qui fut employée aussi par un certain Corneille, un certain Molière, et dont se sert encore le nommé Victor Hugo.

Poëtes de Provence, cherchez des amis en Catalogne, rien de meilleur; mais la Loire n'est pas plus infranchissable que les Pyrénées. Dans le passé le plus lointain, comme dans le présent, tout nous montre le lien étroit entre les deux régions de notre France.

V

Un fait qui nous frappe, quand nous lisons les vieux historiens, c'est qu'ils ont considéré les peuples de la Gaule, quelles que fussent leurs variétés, comme appartenant tous (sauf les Basques) à une même race, la race celtique. Les Volkes arécomiques et tectosages, dont Nîmes et Toulouse étaient les capitales, étaient affiliés aux Gaulois du Nord. Les populations de la Provence : Saliens, Décéates, Oxibiens, Cavares, Voconces, étaient tous réunis sous la dénomination de Celto-Ligures. La première partie de leur nom les associe évidemment aux Celtes du Nord; quant à la seconde, c'est une épithète qui doit nous les faire considérer comme des Celtes habitant le bord de la mer.

Leur langue était, avec des nuances, la même, au fond, que

celle des bords de la Seine. Saint Jérôme nous apprend qu'on avait même parler à Trèves et à Toulouse. Varron appelle les Marseillais *Trilingues* ou *Triglottes*, parce que trois langues leur étaient familières : le grec, le latin et le... gaulois. César, Tacite, Ammien Marcellin viennent confirmer cette communauté de race et de langage par toute la Gaule, communauté que l'étude des noms d'hommes et de lieux atteste encore aujourd'hui.

Voilà pour les époques les plus ténébreuses et les plus lointaines. Quand on se rapproche de nous, les probabilités deviennent des certitudes. A peine pouvons-nous indiquer ici ce dont nous avons fait ailleurs une étude approfondie. Nous voyons se révéler la fraternité la plus étroite entre Français du Nord et Français du Midi. Quelque influence qu'on attribue aux conquérants romains et germains, ils ne l'ont pas plus ou moins subie les uns que les autres. La vieille séparation de la France en pays de langue d'Oc et pays de langue d'Oïl, indique non des oppositions radicales, mais seulement des nuances de dialectes. Langue d'Oc et langue d'Oïl sont rameaux d'une même souche : le roman. En outre, dans les deux contrées, toutes les manifestations de la vie populaire semblent émaner d'une même âme. Il n'y a que des variétes, d'où résulte l'harmonie; en sorte que la grande proclamation de 1792 : La France est *Une et Indivisible*, n'est point un acte de la force, mais de la raison; c'est une conséquence de notre longue vie sociale, de nos vieux instincts gaulois. La réunion moderne de nos provinces n'est que leur retour naturel au giron primitif.

N'importe ! M. Mistral n'en accuse pas moins entre hommes du Midi et hommes du Nord un « antagonisme de race. » Selon lui (voir *Calendal*, publié en 1867), cet antagonisme éclate dans la grande guerre du treizième siècle, dans la croisade des Albigeois. Le chef des félibres la rappelle sans cesse. Or, selon nous, on ne peut trouver là aucun motif de ressouvenirs amers. Cette guerre ne fut point une guerre de race, mais de religion, et elle ne réclame pas plus vengeance du Midi contre le Nord que les guerres de religion du seizième siècle. Ce qui eut lieu alors, ce fut l'écrasement du Midi hérétique par le Midi catholique appelant le Nord à son secours. Voilà la vérité, et elle est aujourd'hui appuyée sur de telles preuves, que la critique, même celle d'écrivains qui avaient eu une opinion contraire, a donné, nous le savons, à cette doctrine complet gain de cause.

Ce n'est pas tout. Selon M. Mistral, l'oppression du Nord sur le Midi n'a jamais cessé. La Provence succomba sous « la bar-

barie des hommes d'Outre-Loire, » et, après la guerre, la langue
d'Oc fut « mise nus pieds et baillonnée, » dit-il dans *Calendal*,
et aussitôt il s'écrie : « Ajoutez à cela l'interdit impitoyable qui
proscrit encore notre idiome des écoles de l'Université. » (*Calendal*, page 186.) Et voilà comment on qualifie la loi qui veut
l'unité dans l'éducation nationale !

VI

Ce rêve chimérique d'oppression a fait pousser au *Capoulier*
des félibres des cris d'inconcevable colère. En 1867, il publia le
chant de la *Comtesse*, où, dans un remarquable élan poëtique,
il nous représente cette comtesse, la Provence, comme empri-
sonnée dans un couvent par sa mauvaise sœur, sa sorâtre, la
France du Nord.

> Or, la sœur qui l'emprisonne
> Se pavane en même temps :
> Cette barbare envieuse
> Lui brisa ses tambourins.
> Et de ses vergers s'empare
> Et vendange ses raisins.

Voilà pourquoi le futur libérateur de la victime jette ce cri :

> Ah ! si l'on savait m'entendre !
> Ah ! si l'on voulait me suivre !
>
> Elle la donne pour morte,
> Sans pouvoir décourager
> Ses galants qui par le monde
> Errent, depuis, sans pouvoir...
> Et ne lui laisse, on peut dire,
> Que ses deux yeux pour pleurer.
>
> Ah ! si l'on savait m'entendre !
> Ah ! si l'on voulait me suivre !
>
> Ceux-là qui gardent mémoire,
> Ceux-là qui vont le cœur haut,
> Ceux-là qui, dans leur cabane,
> Sentent jaillir le mistral,
> Ceux-là qui cherchent la gloire,
> Les valeureux, les plus grands,
>
> Ah ! si l'on savait m'entendre !
> Ah ! si l'on voulait me suivre !

En criant : Écrase! écrase! (1)
Vieux et jeunes en avant!
Nous partirions tous en race
Avec la bannière au vent,
Nous courrions comme un orage
Pour crever le grand couvent!

Ah! si l'on savait m'entendre!
Ah! si l'on voulait me suivre!

Nous démolirions le cloître
Où, toute en pleurs, jour et nuit,
Jour et nuit vit enterrée
La jeune nonne aux beaux yeux..;
En dépit de la sorâtre,
Nous bouleverserions tout!

Ah! si l'on savait m'entendre!
Ah! si l'on voulait me suivre!

Et puis nous pendrions l'abbesse
A la grille d'alentour,
Nous dirions à la comtesse :
« Reparais donc, ô splendeur!
Dehors, dehors, la tristesse!
Vive, vive la gaîté! »

Ah! si l'on savait m'entendre!
Ah! si l'on voulait me suivre!

(1) Dans notre lutte de principes contre le félibrige, l'*Armana prouvençau* nous a accusé de mauvaise foi, et il en fournit deux fortes preuves : l'une, c'est que nous voyons en M. Mistral, sans incriminer ses intentions, un adversaire de l'unité française ; l'autre est dans ce fait que nous avons déjà traduit le vers de la Comtesse :

En cridant : Arasso! Arasso!

par

En criant : Écrase! Écrase!

Que le lecteur veuille bien observer, d'abord, qu'au lieu de traduire les vers des félibres dans une prose sans cadence, comme tout le monde l'a fait jusqu'ici, nous cherchons sans cesse, tout en restant littéral, à conserver le rhythme, le mouvement, la beauté de l'original. Il serait possible pourtant que, par cas extraordinaire, nous nous fussions trompé sur le sens d'un mot, et nous l'avouerions volontiers. Or, en traduisant *arasso* par *écrase*, avons-nous forfait « à la bonne foi ? »

Arasso ou *arrasso* vient du verbe *arassa* ou *arrassa*. Le grand *Dictionnaire provençal-français* du docteur Honnorat donne à ce mot trois significations différentes : 1° harasser; 2° faire faire place, faire reculer, éloigner; 3° raser, combler, et (voir *Rasar, Arrasar*) abattre une chose au ras d'une autre, raser un édifice, l'abattre à ras de terre, etc.

Le *Glossaire occitanien* du savant Rochegude ne donne à *arassar* que le sens de « raser, combler. »

Nous pouvions donc traduire *Arasso! Arasso!* par *Place! Place!* ainsi que l'a fait, plus tard, Bonaparte-Wyse ; mais nous avons cru mieux rester dans le ton de la strophe, en donnant à ce *hurra* provençal un sens plus énergique, autorisé par Rochegude et Honnorat. Hélas! nous n'avons point saisi la pensée intime du poëte. Il veut bien *crever* le grand couvent, *démolir* le cloître, *mettre tout à sac*, *pendre* l'abbesse, mais *écraser*, écraser même une mouche, oh! non pas! — Cela est digne de la fameuse distinction établie par cet évêque qui combattait à Bouvines avec une massue, en disant qu'assommer n'était pas tuer.

Le 22 septembre 1868, dans un journal du reste très-dévoué aux poëtes provençaux, on a pu lire cette phrase : « M. Mistral fait un véritable appel à la guerre civile. » Nous n'avons jamais rien écrit, rien dit, ni rien pensé de semblable ; mais, lorsque l'*Armana* ose nous « rappeler à la bonne foi », pour avoir reproché au félibre de prêcher un antagonisme moral, nous mettons au défi tous les *Armanas* du monde de voir dans cette ode autre chose qu'une telle prédication. Croit-on, par des insultes, donner le change au public? Que les partisans de M. Mistral tâchent donc de commenter autrement que nous l'allégorie de la *Comtesse!*

Mais, quoi! ce sont leurs propres commentaires mêmes qui autorisent nos explications. Un félibre qui se proclame l'intime ami du maître, M. J.-B. Gaut, a écrit : « *La Belle comtesse*, c'est ainsi qu'ils l'appellent (la Provence) dans le langage des initiés, vaincue et persécutée, brisera un jour ses chaînes, reparaîtra dans sa gloire et sa beauté, et remontera au zénith de sa splendeur... L'ode de Mistral est une profession de foi, une allégorie diaphane... »

A son tour, le poëte irlandais dont nous parlions tout à l'heure, M. Bonaparte-Wyse, cet homme de cœur et de talent, dont les facultés seraient dignes d'une bien plus haute application, a répondu à l'auteur de la *Comtesse*, et voici sa propre traduction :

Félibre au cœur de flamme! — frère à la bouche d'or! — l'esprit sublime qui t'enflamme — embrase aussi mon cœur ; — le vent divin qui mugit en toi, — en moi souffle le même transport.

Oui, car je sais bien t'entendre! — Oui, car, moi, je veux te suivre!...

Je ne suis pas, moi, de ta patrie, — et bien loin d'elle je suis né, — mais, comme aux chants de ma mie, — mon cœur commence à vibrer, — en entendant l'harmonie superbe — de la nationalité!

Oui, car je sais bien t'entendre! — Oui, car. moi, je veux te suivre!...

En avant! courage! car Dieu t'inspire, — élevé sur tes chansons, — à la chasse du Vampire, — qui oppresse ta nation, — et, comme une sangsue, tire — son sang du crâne aux talons.

Oui, car je sais bien t'entendre! — Oui, car, moi, je veux te suivre!...

Fais resplendir ta Comtesse — sur les ruines du couvent!... — Et puis... il y a d'autres princesses — qui implorent la Grande Venue, — fières comme des déesses, — à tous les quatre vents!...

Oui, car, etc.

Ne sais-tu pas cette Bien-Aimée — sous l'étoile du Nord, — la

Belle! la Déguenillée, — qui est pâle comme la Mort! — l'Ardente!
l'Enchevêtrée, — qui gémit sur sa harpe d'or?... (l'Irlande.)

Et d'autres, et d'autres!... O Pologne! — O dame de notre amour!
— Qu'avec son poing pesant — ton tyran frappe sans cesse!...

Oui, car je sais bien t'entendre! — Oui, car, moi, je veux te
suivre!...

Ainsi, voilà la Provence actuelle assimilée à l'Irlande, à la
Pologne. Tel est bien le sens que prête à la *Comtesse* l'auteur
des *Papillons bleus*. A-t-il dénaturé ou simplement exagéré la
pensée du chef des félibres? Mais ce dernier a écrit la préface
des *Papillons bleus* du poëte irlandais, et n'a rien atténué dans
l'interprétation donnée à son œuvre. Nous pouvons même considérer M. Bonaparte-Wyse comme un interprète très-autorisé,
puisque, au mois de mai dernier, dans son discours, à Barcelone,
M. Mistral l'appelle « le prince poëte, que l'on pourrait nommer
le Saint Paul du gai savoir, car il est pour notre langue l'apôtre
des nations. »

La *Comtesse* a donc une portée politique. Les vieux comtes
provençaux vont revenir. Que dis-je! un troubadour catalan
les croit déjà revenus; déjà il voit refleurir les fleurs de leur
écusson. Au banquet de Saint-Remy, le troubadour Quintana,
pensant que le sort en est jeté :

> Il faut suivre le destin, ô nation provençale !

s'est écrié aussi :

> Provence!... épanouis ores tes fleurs comtales
> Aux baisers du soleil, au bonheur de la paix !

Question : Ces fleurs, quelles seront-elles dans les nouvelles
armoiries? Il va sans dire qu'on rappellera « les couleurs cata-
lanes, très-sympathiques aux Provençaux », ainsi qu'elles sont
désignées dans *Calendal* (p. 437). Mais le mariage du blason
provençal avec le blason de France sera-t-il maintenu? On ré-
soudra peut-être le problème d'après cette observation faite
encore par l'auteur de *Calendal :* « Quant à la fleur de lys solitaire, usitée en Provence depuis deux siècles et demi seulement,
elle n'a *aucune significction nationale.* » Il faudra donc rejeter
cette fleur de lys solitaire!... Ce sera la régénération de la
nationalité !

VII

Comment s'opérera le salut de la Provence? M. Mistral l'a
révélé dans son ode *aux Catalans :*

> ... Qu'un peuple tombe esclave,
> S'il tient sa langue il tient la clé
> Qui de ses chaînes la délivre !

Ainsi, point de bataillons : les vers des félibres suffisent, vers en provençal, bien entendu ; car, vainement en écriraient-ils de sublimes en français : ceux-ci n'auraient aucune vertu ; et ainsi qu'il est encore écrit dans *Calendal* (p. 157) :

Langue d'amour, s'il est des *fats* et des *bâtards* (deux jolis compliments à l'adresse des méridionaux, qui, comme nous, préfèrent le français.) Ah ! par saint Cyr ! tu auras à ton côté les mâles du terroir ; et tant que le mistral farouche bramera dans les roches, ombrageux nous ne te défendrons à boulets rouges, car c'est toi la patrie et toi la liberté !

Sans doute, la langue, c'est la patrie ; mais alors la France n'est point la patrie du félibre, qui proclame pour les Provençaux l'incompatibilité de la langue française.

Ceux qui n'ont point vécu dans le Midi, a écrit l'auteur de *Mireille*, ne peuvent se faire une idée de l'incompatibilité, de l'insuffisance, de la pauvreté de la langue du Nord vis-à-vis des mœurs, des besoins et de l'organisation des Méridionaux... Née sous un climat pluvieux, gourmée, empesée à l'étiquette des cours, façonnée avant tout à l'usage des classes élevées, cette langue est naturellement, et le sera toujours, antipathique aux libres allures, au caractère bouillant, aux mœurs agrestes, à la parole vive et imagée des Provençaux... Elle est plus factice, plus conventionnelle que toute autre... (1)

Et voilà la seconde manière de glorifier la langue des Massillon, des Vauvenargues, des Mirabeau, des Thiers, des Guizot et des Mignet ! langue qui fut celle aussi des Montaigne, des l'Hospital, des Bernard Palissy, des Pascal, des Fénelon, des Barnave, des Vergniaud et d'une foule d'autres illustres enfants des régions méridionales.

Loin de nous la pensée de répondre en dénigrant le provençal. Sans doute ce n'est plus qu'un patois, et les gens du pays ne le considèrent que comme tel, mais ce n'est pas une raison de lui jeter l'insulte. Nous avons, au contraire, montré et motivé ailleurs tout notre respect pour les parlers populaires.

Un fait incontestable, à nos yeux, c'est que, sans la langue nationale, on verrait s'éteindre la famille de nos grands hommes ; on verrait se briser la communion intime, immédiate que seul le verbe commun établit entre un grand peuple qui écoute et le génie

____

(1) *Mirèio*, édit. in-8°, p. 488, 489.

qui parle ; on verrait s'évanouir l'âme même de la France. Mais par l'adoption de l'idiome national, penseurs, poëtes, savants doivent-ils renier l'originalité de leurs parlers de province ? Non ! tous les langages qui résonnent de la Manche aux Pyrénées, et des Alpes à l'Océan, trouvent leur écho dans la langue de la patrie, qui n'est point la confusion, mais la fusion de tous ces éléments divers et harmoniques. Ces éléments offrent des contrastes, mais nulle incompatibilité. C'est pourquoi la langue nationale s'est toujours enrichie et s'enrichira toujours de l'esprit, des tournures et des termes précieux de chaque province, comme du style et des pensées de chaque homme de génie. Combien souvent les patois nous livrent le secret des formes les plus originales et des métaphores les plus pittoresques qu'on admire chez nos grands écrivains ! Les patois sont les racines des langues. Toute littérature qui cesserait complétement de s'y alimenter ne donnerait bientôt plus que des fleurs étiolées, et on la verrait dépérir. Voilà pourquoi nous applaudirons à tous ceux qui nous révèlent le dialecte, le génie de leur province, à la seule et impérieuse condition de les subordonner toujours à la langue et au génie de la France, par qui les choses locales reçoivent vie, noblesse, universalité.

Cette théorie, que nous résumons ici, n'est qué la loi même des faits. Ce que Dante fit pour l'Italie, notre Rabelais et ses successeurs le firent pour la France. Quelle fut l'œuvre du grand Alighieri ? Ayant à choisir entre deux idiomes, le latin écrit par les clercs et l'italien parlé par le peuple, il adopta celui qui était prédestiné à la vie. Premier créateur de la langue de sa nation, voulut-il la composer, cette langue, du seul dialecte d'une contrée ? Son traité *De vulgari eloquio* est là pour répondre. La langue qu'il appelle tour à tour vulgaire, illustre, cardinale, aulique est « commune à toutes les cités, non à une seule. » Cette « belle langue parfume chaque cité sans être circonscrite dans aucune... N'exerce-t-elle pas une haute magistrature ? car de tant d'éléments hétérogènes, vocabulaires grossiers, constructions perplexes, syntaxes défectueuses, prononciations rustiques, nous la voyons se composer un idiome élégant, désinvolte, parfait, harmonieux... » C'est elle « le pivot sur lequel tourne et s'immobilise la tourbe des langues vulgaires municipales, le père de famille qui extirpe chaque jour de la forêt les branchages vermoulus et y greffe ou y plante de nouveaux rejetons. »

Avec quelle élévation et quelle largeur de vues cet homme du treizième siècle caractérisait ainsi la langue et avec elle la vie nationale !

Tel fut Rabelais pour notre patrie. Lui aussi rejette la langue des clercs ; il proclame :

Grecs et Latins plus à craindre que loups,
(Gargantua, c. LIV.)

et il boit « à plein godet entre les joyeuses Muses et l'éternelle fabrique de nostre vulgaire. » Ah ! dit-il en parlant des cuistres de son temps, « par arguments non impertinents et raisons non refusables, je leur prouverai en barbe de je ne sçai quels rappetasseurs de vieilles ferrailles latines, revendeurs de vieulx mots latins, moisis et incertains, que nostre langue vulgaire n'est tant vile, tant inepte, tant indigente et à mépriser qu'ils l'estiment. » (*Pantagruel*, liv. V, prol.) Mais cette langue populaire, où Rabelais la prend-il ? Dans toutes les provinces, et l'on n'a qu'à le lire pour voir ce qu'il emprunta à celles du Midi. La fameuse scène de Pantagruel avec l'étudiant limousin, prouverait à elle seule son goût pour les dialectes provençaux.

Rabelais ne resta point isolé dans son œuvre. Bonaventure des Periers le suit ; Montaigne marche sur ses traces ; et, comme celui-ci veut « un parler simple et naïf, tel sur le papier qu'à la bouche,... que le gascon y arrive, s'écrie-t-il, si le françois n'y peut aller ! »

L'école de Ronsard même n'a pas d'autre loi. Le maître autorise ses disciples à user des mots « gascons, poitevins, normands, manceaux, lionois ou d'autres pays, pourveu qu'ils soyent bons. »

Jacques Pelletier, du Mans, savant et poëte, auteur d'un *Art poëtique françois*, écrit à la même époque : « Le poëte pourra apporter de mon conseil, mots picards, normands et autres qui sont sous la couronne : tout est françois puisqu'ils sont du pays du Roy ! » La raison peut paraître naïve, mais au fond, c'est la reconnaissance de l'unité de langage aussi bien que de l'unité politique de la France.

C'est alors que le gascon Henri IV devenait roi de Paris ; avec lui l'esprit méridional montait sur le trône, car il savait la langue de son pays natal, ce prince que Jeanne d'Albret mit au monde en chantant une complainte en langue d'Oc, ce prince qui, selon la volonté de son aïeul (Palma-Cayet le raconte), « ne fust mignardé délicatement, et a esté veu à la mode du pays parmi les autres enfants du village, quelquefois pieds descaux et nudteste, tant en hiver qu'en esté. »

Sans doute les dialectes de la langue d'Oïl ont fourni un contingent plus nombreux à la langue françaises ; mais ces dialectes

étaient si rapprochés, d'ailleurs, de la langue d'Oc que le sa·
vant Caseneuve a pu dire de sa langue romane du Midi : « Ce
lui est toujours de l'honneur d'être comme le cep d'où s'est pro-
vignée cette belle langue françoise qui se fait maintenant voir
parée de toutes les grâces dont l'esprit humain est capable. »

Un autre point important à établir, c'est qu'en même temps
que la langue du Midi monte au Nord, celle du Nord descend au
Midi, où s'implante la Réforme, qui, pour les prêches comme
pour les chants, n'accepta que le français. Aussi, peu à peu, et
non par la vertu des décrets, mais par la seule force des choses,
le provençal, comme tous les vieux dialectes tombe au rang de
patois, et si bien que, déjà de son temps, Cazeneuve que nous
citions plus haut, parlait ainsi de la langue d'Oc : « Une chétive
langue que les inconstantes révolutions du temps ont avilie à ce
point que les honnestes gens tiennent maintenant à une espèce
de honte d'en exprimer leurs pensées, et qui, après avoir été
bannie de toute sorte d'actions publiques, est à peine soufferte
dans le commerce des gens de basse conditions (1). » *Honnêtes
gens,* chacun le sait, n'est mis là que pour gens lettrés. *Gens de
basse condition* est trop fort, car le provençal est parlé par la
population des campagnes et, dans les villes, par la classe morale et intelligente des travailleurs; mais il faut bien reconnaître
que le provençal d'aujourd'hui se rapproche de plus en plus du
français : il n'en diffère que par les désinences qui sont plus sonores au Midi.

Ainsi, la langue française est sortie du mélange de tous les
dialectes de notre patrie; c'est pourquoi elle est, à juste titre,
nommée langue nationale; depuis plus de trois siècles, elle est
reconnue, saluée partout comme telle, et enfin, de même qu'elle
s'alimente toujours dans les patois, les patois vont s'élevant de
plus en plus vers elle, se francisant de plus en plus.

On trouvera puéril, peut-être, que nous insistions sur de telles
vérités. Pas si puéril qu'on le croit! Les félibres sont venus
changer tout cela, et leurs doctrines se sont étalées, en 1868,
jusque dans un rapport officiel au ministre de l'instruction publique. Oui, dans le *Rapport sur le progrès des lettres,* un de
nos plus brillants écrivains, M. Théophile Gautier, à propos de
M. Mistral, a écrit les lignes suivantes : « La France du Midi a'
pour langue maternelle la langue d'Oc... *Cette langue, qui ne
s'est pas fondue dans le francais* comme la langue d'Oïl *et de-
meure fidèle à son antique origine,* a fourni un admirable ins

______

(1) En tête de *las Obros de Pierre Goudelin,* édit. de 1716.

trument à un grand poëte en pleine activité de génie... » Mais
cela n'est rien. Voici un exposé qui aura dû bien surprendre
M. Duruy : « Le français n'est compris que dans huit ou dix départements du centre. Dans une trentaine d'autres, on parle le
basque, l'espagnol, le celte, l'allemand, le wallon, l'italien, sans
compter les patois, tandis que le provençal ou la langue d'Oc
compte pour elle quinze millions d'hommes... »

*Le francais n'est compris que dans huit ou dix départements
du centre*, etc.... Et voilà, grâce à l'autorité du chef des félibres,
ce qu'on a pu lire, en 1868, non dans le *Tintamarre*, mais dans
un monument historique sur notre littérature. Un tel rapport
doit être logiquement suivi d'un décret qui prescrive l'usage ex-
clusif du provençal dans toutes les écoles, colléges, lycées, Facultés, Académies et sections de l'Institut.

VIII

Il importe, on le voit, de dire toute la vérité sur cette question. C'est que *Mireille* et *Calendal*, non pas seulement dans le
Nord, mais même dans la Provence, ne sont compris que grâce
à leur traduction française. En vain M. Mistral a-t-il écrit, dès
le début de son premier poëme :

Nous chantons pour vous seuls, pâtres et gens des Mas !

Les pâtres devaient rester sourds, et il est permis de croire que
l'auteur, en se composant, avec beaucoup d'habileté et de savoir, une langue archaïque, avait plutôt en vue les savants, les
lettrés, les curieux, qui devaient faire son succès. La langue de
Calendau et de *Miréio* est, pour la généralité des Provençaux
d'aujourd'hui, juste ce que serait, pour la plupart des Parisiens
nos contemporains, la langue de Froissart ou de Joinville.

Un écrivain de savoir, d'esprit et de loyauté, M. Francisque
Sarcey, dans ses curieux articles sur le *Congrès des Troubadours
à Saint-Rémy*, tout en concluant, comme nous, que « Mireille est
une fleur qui a poussé spontanément sur des ruines et qui, après
avoir répandu son parfum, mourra sans postérité. La graine
tombera sur la pierre sèche ; » tout en déclarant que le français
gagne sans cesse du terrain, lorsqu'il rapporte notre opinion, à
savoir que la langue de M. Mistral est peu comprise en Provence, M. Francisque Sarcey ajoute : « Cela est possible, bien
que j'aie vu le contraire de mes yeux. »

Qu'a donc vu M. Sarcey?

Il a vu une foule énorme applaudissant à la parole du chef des félibres ; or, l'on ne peut supposer ni que cette foule fût composée de lettrés, ni qu'elle fût composée de compères.

Non sans doute, mais nous ferons observer que probablement M. Mistral usait en ce moment d'un autre vocabulaire que celui de ses poëmes, et si l'on pouvait affirmer que non, hé bien ! nous dirions encore : L'effet du poëte sur la foule n'a rien de surprenant. Si vous saviez combien, dans les réunions, dans les fêtes, nos Provençaux sont prompts à s'émouvoir ! Ils n'ont pas toujours besoin du vrai sens des paroles ; ils s'attachent à l'aspect, aux gestes, à l'accent de l'orateur, et cela leur suffit. Qu'on nous laisse redire à ce sujet une histoire qui pourrait bien n'être point véridique, mais qui est, à coup sûr, naturelle. Elle a été racontée par un homme célèbre qui, précisément était né à Saint-Rémy, César Nostradamus (lequel, entre parenthèse, avait déjà abandonné le provençal pour écrire en français).

Dans sa *Chronique de Provence*, il rapporte qu'un troubadour, Pierre de Ruère, ayant emprunté une robe de pèlerin, se rendit à l'église du Puy, du diocèse d'Aix, et demanda à prêcher « faisant entendre qu'il avait licence de son supérieur à ce faire... Il monta en chaire où, après les cérémonies requises et accoustumées, il commença à dire quelques suffrages menus, et avec un front haut et relevé, à faire esclatter un chant d'amours, car autre chose ne savait... Ceste belle prédication ou plutôt sa chanson finie, il continua à faire quelques exhortations au peuple, lequel, tant, il estait simple, touché de pitié, soupirait et jetait larmes en abondance cuidant que ce fût quelque belle et dévote oraison... » Notez que l'étrange prédicateur, dont la langue raffinée était pour ses contemporains ce que celle de M. Mistral est pour les nôtres, avait choisi « le jour du grand Vendredy, » le vendredi saint. Le peuple prit ses vers érotiques pour une homélie sur la Passion, et il éclata en sanglots. À Saint-Rémy, toute la foule était en liesse ; il y avait là des farandoles, des pégoulades, des courses de taureaux ; chaque parole de ceux qui provoquaient semblable fête méritait qu'on éclatât en applaudissements.

La langue de M. Mistral n'en est pas moins factice. La vérité commence à se faire jour sur ce point, et la voici affirmée par un des hommes les plus compétents dans la matière, un lettré du Midi, l'auteur même de la préface des *Oubreto en vers* de Roumanille, M. Armand de Pontmartin. Certes, il a applaudi la muse provençale, lui qui a dit : « Quand la République donna la parole à toutes les folies et livra la société à tous les périls,...

Roumanille fit, à sa manière, en de petites dimensions, sa campagne de la rue de Poitiers. » Cela méritait reconnaissance, et, comme M. de Falloux, comme Henri V lui-même, M. le comte de Pontmartin a payé la sienne, ce qui n'empêche pourtant point ce dernier, quand la politique est mise de côté, de voir très-juste sur le compte des félibres; son étude sur Reboul nous offre une page très-remarquable et bien digne d'être citée :

« Ecrire en langue provençale! ceci tient à une charmante mystification que nos spirituels troubadours du dix-neuvième siècle ont fait accepter par les bons Parisiens. On s'est imaginé que, de Valence à la mer, le provençal (je me garde bien de dire le patois) régnait en maître, en maître absolu, qu'il était le seul moyen de se faire comprendre, et que, dès lors, la renaissance de la muse provençale était un retour à la nature, une nécessité de situation, une manière de rétablir la circulation des idées, des images et des sentiments poëtiques dans un pays où le français n'avait pas cours. Or, c'est tout le contraire; le vers provençal, entre les habiles mains qui l'ont fait réussir avec tant d'éclat, n'a pas été une victoire de la simplicité fruste et locale sur la culture littéraire, une réaction de la rase campagne contre la serre-chaude, mais un raffinement de lettrés et d'artistes, l'ingénieuse supercherie de gens d'esprit et de talent, beaucoup plus sûrs d'être lus quand ils seraient forcés de se traduire que s'ils servaient tout bonnement d'échos à Lamartine, à Victor Hugo ou à M. de Musset. Ils ont compris que la poésie française était usée, lasse, épuisée, qu'il fallait y être merveilleux pour y paraître supportable; ils ont donné à leur pensée une forme neuve ou renouvelée, dont ils disposaient seuls, dont l'originalité sautait aux yeux et que l'on devinait complaisamment à travers une traduction en français, comme les toiles d'araignées qui couvrent une bouteille font mieux augurer du contenu. En réalité, on *parle* le provençal dans le Midi, mais on ne lit et on n'écrit que le français; c'est en français que se rédigent toutes les transactions d'affaires; c'est le français que l'on enseigne dans les écoles primaires des villages les plus arriérés; c'est en français que prêchent les curés des plus agrestes paroisses. Prenez le paysan le plus inculte, le plus hérissé de paysannerie méridionale; lisez-lui Corneille ou Racine, il n'en sentira pas les beautés, mais il en sentira le sens littéral. Forcez-le d'ouvrir et de lire lui-même *Mireille :* il lui faudra une heure pour en comprendre quatre vers... »

Avouez que, sous la courtoisie des phrases et des épithètes, se trouvent là des mots bien cruels : *Mystification, supercherie!*

Est-ce à dire que le succès de M. Mistral ne s'explique que par
là? Ce serait une erreur, et nous allons dire la vérité à cet
égard.

Laissons d'abord pour ce qu'elle vaut l'opinion que tous les
chefs-d'œuvre de la poësie humaine sont éclipsés par *Mireille* à
laquelle on ne peut comparer que *Calendal* :

> On disait que *Mireille*, en ce vaste univers,
> N'avait point de rivale au grand tournois des vers :
> *Calendal* paraît, et *Mireille*
> N'est plus la splendeur sans pareille!
>
> (ÉMILE DESCHAMPS.)

L'*Armana* de 1868 a beau s'écrier : « L'excellent et vénéré
poëte a frappé juste ; » les prospectus ont beau reproduire ce
quatrain : nous ne pouvons que sourire. Mais nous nous deman-
dons aussi comment la renommée du félibre a pu être surfaite à
ce point. Or, cela est dû précisément à cette influence de Paris
qu'on utilise et qu'on prétend combattre. Nous ne parlons point
du Paris « où gouverne la mode, qui est la reine des sots et où
toute nouveauté reçoit accueil et faveur, » comme disait trop sé-
vèrement, à propos de *Miréio*, un éminent critique, M. Guardia.
Non, Paris est autre chose aussi ; c'est la ville universelle, et
c'est avant tout la France entière. Voilà pourquoi il accueille et
favorise ce qui est l'expression du génie des provinces ou ce qu'il
regarde comme tel. En retour, la province, très-française d'instincts, n'apprécie que ce qui est consacré par Paris, où vibre le
cerveau, où palpite le cœur de toute la France. Si Paris acclama
les œuvres de M. Mistral, c'est bien moins à cause de leur valeur
intrinsèque que parce qu'on les lui offrait comme des œuvres
très-populaires en Provence. L'enthousiaste Adolphe Dumas,
prenant ses rêves pour des réalités, proclamait, dès 1859, dans
plusieurs journaux « le succès qu'on faisait au poëte en Provence,
où, disait-il, les évêques d'Avignon et de Nîmes joignent leurs
applaudissements à ceux des marins de Marseille et des paysans
d'Arles. »

La vérlté c'est qu'à l'heure où nous écrivons, après dix ans de
publicité incessante, les marins de Marseille ne connaissent pas
même le nom du poëte, et si les bourgeois d'Arles lui ont, à la
longue, donné quelque attention, c'est qu'il a été couronné par
la capitale. Véritable coup d'Etat poétique, dirons-nous, en mo-
difiant un peu un mot déjà célèbre, où l'on a séduit Paris avec
la province et la province avec Paris.

Nous ne voudrions enlever aucun des rayons projetés sur un

artiste d'une incontestable puissance, si, d'autre part, la critique contemporaine ne laissait dans l'ombre, par exemple, un homme comme M. Leconte Delisle, puissant artiste, lui aussi, et qui domine le poëte purement local de la Provence par le large sentiment de l'universalité et par la supériorité des idées. Ah! que ne s'est-il offert comme le représentant incarné de son île Bourbon! Il y a là plus de soleil encore qu'en Provence : quelle lumière eût rejailli sur lui!

En résumé, la principale cause du succès de M. Mistral est dans le principe même de notre vie nationale, dans la communion intime de la province avec Paris, dans l'autorité et la supériorité de la langue française. Sans cette langue, le poëte serait à jamais resté incompris, inconnu. Et c'est elle qu'il veut chasser de la Provence!

X

Respectable, ainsi que tous les patois, comme langage familier du foyer rustique, si le provençal, en Provence même, est exclu de tout ce qui constitue la vie publique d'un peuple civilisé, c'est qu'il est radicalement impropre à en exprimer les nobles besoins. Nous, que l'*Armana* de 1860 a bien voulu appeler « docteur dans les deux langues, » nous affirmons, avec une conviction aussi motivée que profonde, l'impossibilité absolue de traduire en provençal les œuvres des grands savants, des grands penseurs et des grands poëtes modernes. Qu'on en fasse la tentative, l'on ne se sauvera d'un inintelligible galimatias qu'en écrivant du français provençalisé : mieux vaut le français pur. Il suffit d'un tel fait pour faire apprécier la prétendue renaissance provençale.

Que devient, dès lors, le fameux manifeste de M. Mistral au banquet de Saint-Rémy? Il souleva, dit l'*Armana prouvençau*, un débordement d'enthousiasme, et une partie de la presse l'a reproduit avec les éloges les plus pompeux. Voyons ce qu'il y a au fond. Après l'exorde louangeur à « la glorieuse littérature de Paris, » et à la Catalogne, le poëte aborde carrément la question :

Ce que nous voulons? dit-il, écoutez-moi.

Nous voulons que nos enfants, au lieu d'être élevés dans le mépris de notre langue (ce qui fait que, plus tard, ils mépriseront la terre, la vieille terre mère où Dieu les a faits naître), nous voulons que nos enfants continuent de parler la langue de la terre, la langue où ils sont maîtres, la langue où ils sont fiers, où ils sont forts, où ils sont libres.

Nous voulons que nos jeunes filles... continuent de parler la langue de leur berceau, la douce langue de leurs mères...

Nous voulons que notre peuple, au lieu de croupir dans l'ignorance de sa propre histoire, de sa grandeur passée, de sa personnalité, apprenne enfin ses titres de noblesse ; apprenne que ses pères se sont considérés toujours comme une race ; apprenne qu'ils ont su, nos vieux Provençaux, vivre toujours en hommes libres, et en tout temps se défendre comme tels : à Marseille, autrefois, contre la Rome de César ; dans les Aliscamps d'Arles, à la Garde-Freinet, contre les Sarrasins ; à Toulouse, à Béziers, à Beaucaire, à Avignon, contre les faux croisés de Simon de Montfort ; à Marseille, à Fréjus, à Toulon, et partout, contre les lansquenets de l'empereur Charles-Quint.

Il faut qu'il sache, notre peuple, qu'ils se sont, nos ancêtres, joints librement, mais dignement à la généreuse France : dignement, c'est-à-dire en réservant leur langue, leurs coutumes, leurs usages et leur nom national. Il faut qu'il sache, notre peuple, que la langue qu'il parle a été, quand il a voulu, la langue poétique et littéraire de l'Europe, la langue de l'amour, du Gai-savoir, des libertés municipales, de la civilisation.

Peuple vaillant, voilà ce que nous voulons t'apprendre : à ne rougir, devant personne, comme un vaincu, à ne pas rougir de ton histoire, à ne pas rougir de ta patrie, à ne pas rougir de ta nature, à reprendre ton rang, ton premier rang entre les peuples du Midi. Et quand chaque Provence et chaque Catalogne auront de cette sorte reconquis leur honneur, vous verrez que nos villes redeviendront cités ; et où il n'y a plus qu'une poussière provinciale, vous verrez naître les arts, vous verrez croître les lettres, vous verrez grandir les hommes, vous verrez fleurir une nation.

Je bois : à la Catalogne, notre sœur ! à l'Espagne, notre amie ! à la France, notre mère !

Voilà des paroles pleines d'élan poétique, nous le voulons bien ; mais voilà aussi une aspiration toute rétrograde. Ce manifeste glorifie la Provence féodale, rien de plus. M. Mistral veut que les enfants de sa nation gardent « la langue où ils sont maîtres, la langue où ils sont fiers, où ils sont forts, où ils sont libres. » Mais, poète, ne savez-vous point, n'avez-vous pas entendu mille et mille fois raconter par les vieillards, dans les veillées de village, que les seigneurs d'avant 89 sautaient parfois sur le dos d'un paysan provençal et, à coups de cravache, se faisaient porter par lui comme par une bête de somme ? Le paysan d'alors n'entendait point le français ; il ne savait que « la langue de la terre. » Etait-il maître ? était-il fier ? était-il fort ? était-il libre ?

Et, plus tard, quand sonna le réveil, le jour où nos Provençaux montèrent à Paris, chantant, en français, cette *Marseil-laise* qu'ils eurent la gloire de baptiser et qui devint le souffle, le salut de la Révolution, alors étaient-ils maîtrisés? étaient-ils humbles, faibles et esclaves?

Dans son discours, ainsi que dans *Calendal*, le poëte a résumé à grands traits, et avec presque autant d'erreurs que de lignes, l'histoire de sa province. Et lui qui, on l'a cru, « ne manque jamais une occasion de célébrer les souvenirs communs à tous les enfants de la France, » dans ce manifeste solennel, non plus que dans *Calendal*, non-seulement il n'en a point célébré, il n'en a pas même rappelé un seul. Il montre, au contraire, s'arrêtant avec la féodalité l'histoire de « son peuple, » qui, depuis, « rougit comme un vaincu. »

Or, l'histoire inflexible nous apprend qu'il n'est pas de province ayant subi, durant tout le moyen âge, plus de maîtres étrangers que notre belle Provence, laquelle n'est maîtresse d'elle-même que depuis son union féconde avec la France du Nord.

Qui donc, s'il vous plaît, oblige le Provençal d'aujourd'hui à « rougir de sa patrie, rougir de sa nature? » Ni les Turcs, ni les Chinois, ni personne d'étranger ne tient la Provence actuelle « vaincue, » et ne l'empêche d'être « fière, forte et libre. » Si ce n'est aucun étranger, et, en outre, comme, aux yeux de M. Mistral, ce ne saurait être le gouvernement qui nous régit, puisque d'avance, dit l'*Armana*, « l'Empereur avait régalé la fête (de Saint-Rémy) d'une médaille d'or, » on ne peut trouver l'oppression, n'est-ce pas? que dans le génie même, le mauvais génie de la France?

« Généreuse France! » a dit le félibre. « Je bois à la France, notre mère! » a-t-il ajouté. Vains mots que ceux-là, dans un pareil discours, qui peut se résumer tout entier dans cette phrase de l'historien des *Reines de la main gauche :* « Nous ne serons jamais les enfants des Bouches-du-Rhône, démarcation de fantaisie : nous sommes des Provençaux ! »

Chez M. Mistral, même désir! Il veut que la Provence garde 1° sa langue, 2° ses us et coutumes, 3° son nom national. Or, les mots ne sont plus des mots, la raison n'est plus la raison, ou bien cela signifie clairement que la Provence ne doit être désormais, dans la France, que ce que la France elle-même est dans l'Europe. Que la Bourgogne, la Lorraine, la Picardie, la Flandre, la Bretagne, que toutes les provinces en fassent autant — Eh! pourquoi pas? Le félibre les y invite! — et, dans quelques générations, notre patrie, allez! offrira le spectacle d'une belle concorde et d'une jolie Tour de Babel !

Le discours de M. Mistral est très-net. Si nous l'avons expliqué, c'est parce que bien des écrivains influents (on l'a vu par l'exemple de l'honorable M. Saint-René Taillandier) ne l'entendent point comme nous : à les en croire, nous faussons la pensée du félibre. Ecoutez un des naïfs journalistes parisiens : « Ils n'ont pas entendu les discours du chantre de *Mireille*, ceux qui disent que le félibrige est une protestation contre la langue de Molière et de Corneille ; que ses adeptes voudraient faire prévaloir le provençal sur le français. Cette puérile accusation tombe d'elle-même, et moi-même, *indigné*, je ne la relèverais pas, si une plume éminente, autorisée, ne l'avait lancée contre les doux chanteurs des bords de la Durance. »

La plus grande autorité est celle des pièces du débat. Le public, ce juge souverain, les a toutes sous les yeux. Il dira si elle est juste l'indignation manifestée contre ceux qui disent : Le triomphe définitif du félibrige, s'il était possible, serait un échec à ce qui fait la grandeur de la France : son unité littéraire et morale, aujourd'hui, peut-être son unité politique, demain !

Ne laissons point renier l'œuvre de nos pères ; il ne faut pas que leurs pensées, leurs sueurs et leur sang aient été répandus en vain. Quoi ! c'est dans un siècle où les principes de la philosophie nous convient de plus en plus à mettre la raison au-dessus des fatalités de nature et des distinctions d'origine, dans un siècle où l'on veut effacer toute frontière et tellement élargir la patrie des hommes, qu'ils puissent tous s'appeler un jour citoyens du monde ; quoi ! c'est en face d'un tel rêve d'universelle fraternité, — utopie, si l'on veut, mais utopie nécessaire, — qu'on nous vante un état social qui rendrait d'abord étrangers les uns aux autres et plus tard inévitables ennemis, ceux qui aujourd'hui se saluent du même nom de Français, s'entendent dans la même langue et peuvent en commun créer leurs lois ?

On veut décentraliser ? Singulier moyen de décentralisation que celui qui multiplierait les centres d'oligarchie et de despotisme ! Nous qui n'avons jamais écrit sur les despotes que pour les flétrir et les combattre, nous voulons décentraliser, nous aussi ; mais ce n'est point en rétrécissant le cercle : c'est en l'élargissant ; ce n'est point en reculant vers le passé, mais en avançant vers l'avenir ; ce n'est point par un retour au système provincial, féodal, tyrannique : c'est en préparant la grande fédération des peuples libres ; ce n'est point en ressuscitant des idiomes morts, impropres à la civilisation moderne, en multipliant les langues, c'est-à-dire les difficultés de s'entendre : c'est en cherchant à réaliser un peu plus chaque jour le rêve sublime de Leibnitz sur une langue universelle. Nous voulons la paix, la liberté des hommes ; mais, tandis que les félibres, sincères dans la poursuite de ce même but, croient y atteindre par le morcellement, nous ne trouvons qu'un moyen pour y arriver : c'est l'Union.

Eugène Garcin.

10 février 1869.

www.ingramcontent.com/pod-product-compliance
Lightning Source LLC
Chambersburg PA
CBHW061743060726
47597CB00007B/2729